LA PRIMERA GUERRA MUNDIAL
TOMO 2: 1915-1917

El punto muerto

Por Benjamin Janssens De Bisthoven
Traducido por Marina Martín Serra

Historia · en50MINUTOS.es

LA PRIMERA GUERRA MUNDIAL — 1915-1917, EL PUNTO MUERTO

- **¿Cuándo?** Del 28 de julio de 1914 al 11 de noviembre de 1918.
- **¿Dónde?** En Europa, Asia, África y Oceanía.
- **¿Beligerantes?**
  - Las Potencias Centrales: el Imperio alemán, Austria-Hungría, Bulgaria, el Imperio otomano.
  - Los Aliados y los países asociados: Francia, el Imperio británico, la Rusia zarista, Italia, Serbia, los Estados Unidos, Japón, China, Bélgica, Rumanía, Portugal, Luxemburgo, Grecia, Albania, Montenegro y la mayor parte de los Estados sudamericanos.
- **¿Resultado?** Victoria de los Aliados. Caída de los imperios alemán, austrohúngaro, otomano y ruso. Aparición de nuevos Estados.
- **¿Víctimas?** Más de nueve millones de muertos.

Invierno de 1915. Europa se encuentra en un punto muerto sangriento. Desde que el asesinato del archiduque Francisco Fernando (1863-1914) se transformó en una crisis internacional insuperable en julio de 1914, la guerra causa estragos entre Austria-Hungría, aliada de Alemania, y la Triple Entente, una coalición formada por Francia, el Reino Unido y Rusia, a los que Bélgica y Serbia se han unido. Sin embargo, el conflicto, que todos creían que duraría poco, ha experimentado un giro inesperado.

Durante otoño de 1914, los planes concebidos por los dos

bandos para obtener la victoria se han desmontado, sin que se hayan obtenido resultados decisivos. En todos los frentes, los ejércitos, agotados y abrumados por las víctimas, han dejado de avanzar. En el oeste, en Francia y Bélgica, millones de hombres se han confinado en las trincheras, y los medios y las tácticas militares existentes no logran sacarlos de ahí.

La magnitud de la guerra supera todas las previsiones. Más mortífera que nunca, la conflagración ya ha provocado una verdadera hecatombe: 300 000 soldados franceses han perecido, así como 400 000 rusos y 260 000 alemanes. La destrucción es devastadora y el número de refugiados, altísimo. Incluso las economías nacionales se tambalean bajo el peso de una movilización inédita de hombres y material. Sin embargo, a pesar de esta situación, la paz no se establece: al contrario, la guerra se reanuda con un vigor y una violencia renovados. Se extiende a nuevos campos de batalla y a nuevos dominios, implicando cada vez más a los civiles y las sociedades. De forma progresiva, el conflicto se convierte en una guerra total.

EN BUSCA DE LA RUPTURA

Hasta 1917, Berlín, Viena, Petrogrado (antigua San Petersburgo), París y Londres están movidas por una misma obsesión: cada una por su cuenta, tienen la voluntad de romper el equilibrio nacido en 1914 de las batallas de Tannenberg y del Marne. La victoria depende de ello, y es necesaria, indispensable. Si no, ¿cómo se podrían justificar los terribles sacrificios que ya se han permitido? Entonces, hay que huir hacia adelante. Puesto que los medios desplegados en 1914 no han sido suficientes, los dos bandos suben las apuestas y extienden la guerra, en especial, hacia el terreno económico, diplomático y científico. De forma progresiva, toda la sociedad acaba involucrada en la guerra.

LA AMPLIACIÓN DEL CONFLICTO

Cuando, en agosto de 1914, comienzan las hostilidades, la guerra ya cuenta con una dimensión mundial. El Reino Unido, primera potencia colonial del planeta, reina sobre más de 15 millones de km^2 y sobre 348 millones de individuos, de India hasta Egipto, pasando por Australia, Malasia, Sudáfrica, Nueva Zelanda y Canadá. Por su parte, Francia, en el siglo anterior, construyó un vasto imperio en el oeste de África, Madagascar, Indochina y el Pacífico, con Polinesia y Nueva Caledonia. En cuanto a Alemania, está presente en las Islas Salomón, Marshall y Carolina, en Nueva Guinea, Togo, Camerún y Namibia, además de poseer una importante colonia en África Oriental, en las futuras Tanzania, Ruanda y Burundi. Después de las metrópolis europeas, todos estos territorios se encienden a su vez y, hasta el fin de la guerra, dejarán huella en el curso de los acontecimientos.

El conflicto, al alargarse, también se extiende más. De 1914 a 1917, muchos actores se unen a ambos bandos. El punto muerto en los frentes principales en invierno de 1915 anima en gran medida a los beligerantes a aliarse con nuevos Estados y a encontrar otros campos de batalla. Asimismo, el enfrentamiento se desplaza hasta las cancillerías, donde diplomáticos y ministros de Asuntos Exteriores compiten en ingenio para encontrar apoyos en los países neutros.

En el bando de la Entente, Japón es el primero que entra en el conflicto. Aliado con el Reino Unido desde 1902, su entrada en guerra contra Alemania se produce en agosto de 1914, aunque no intervendrá directamente en Europa. En mayo de 1915 lo sigue Italia, después de que la Entente le haya hecho grandes promesas (cesión de todos los territorios de habla italiana de Austria-Hungría, anexión de la costa dálmata, nuevas colonias africanas, etc.). A continuación, se produce la entrada en el conflicto de Portugal, en marzo de 1916, al que Alemania le ha declarado la guerra por haber confiscado —bajo presión británica— todos los barcos alemanes que se encontraban en sus puertos; Rumanía lo hace en agosto de 1916, y su entrada en guerra, estimulada por las victorias de los rusos contra Austria-Hungría, se hace con el objetivo de apoderarse de la Transilvania austrohúngara, donde vive una importante minoría rumana; los Estados Unidos en abril de 1917 y, finalmente, Grecia, en julio de 1917, tras un golpe de Estado fomentado por la Entente. Asimismo, los Estados Unidos ejercerán importantes presiones diplomáticas que, a lo largo de 1917, impulsarán a la mayor parte de los Estados de América Latina y a China a entrar en guerra contra Alemania. Sin embargo, la intervención de estos últimos en el conflicto será marginal.

Alemania y Austria-Hungría son menos afortunadas. Desde 1914, ambos países despiertan constantemente la indignación internacional: violación de la neutralidad belga, masacres de civiles en Bélgica, en Francia y en los Balcanes, gaseo de los soldados franco-británicos en abril de 1915, ataques a los barcos comerciales enemigos y neutrales, y la lista continúa. Solamente dos países se unen a su causa: el Imperio otomano, en octubre de 1914, que se precipita hacia la guerra a causa de su dependencia creciente de Alemania y de su voluntad de frenar su propio declive; y Bulgaria, en septiembre de 1915, a quien Berlín y Viena tientan con la recuperación de los territorios perdidos durante la Segunda Guerra Balcánica (como la Macedonia serbia y la Tracia griega).

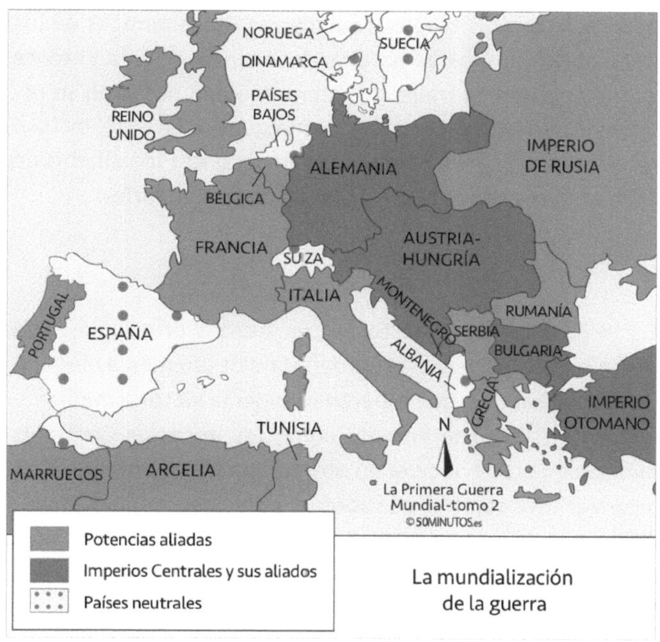

Aunque la extensión del conflicto aporta nuevos recursos humanos y materiales a la causa de la Entente y de las Potencias Centrales, también conduce a la multiplicación de los frentes. Mientras que la guerra ya causaba estragos en las colonias alemanas, invadidas por todas partes desde agosto de 1914, los hombres combaten ahora igualmente en el Cáucaso, en Oriente Medio, en el norte de Italia y en toda la región de los Balcanes. A pesar de su carácter secundario, estos nuevos teatros de operaciones desempeñan un papel considerable, tanto en la continuidad del punto muerto como en su salida. Así, ambos bandos apuestan por ellos para desviar a las tropas y equipamientos enemigos de los principales campos de batalla. A partir de 1916, la Entente y los Imperios Centrales los integran plenamente en su estrategia con el objetivo de ganar la guerra. En 1918, incluso resultarán decisivos: la estocada final contra los aliados de Alemania se producirá en estos frentes secundarios.

LA ESCALADA MILITAR

En 1915, el punto muerto en los frentes principales y la magnitud de las pérdidas humanas no desaniman a ninguno de los dos bandos, que esperan obtener la victoria mediante las armas. Tanto la Entente como los Imperios Centrales piensan que todavía pueden obtener un triunfo rápido. Para alcanzar este objetivo se suceden ambiciosos planes, mientras que cada vez se echan al horno masas más importantes de hombres y de material bélico. Pero los resultados no son los esperados.

Tras su fracaso estratégico en el frente occidental en 1914 —de su plan que consistía en derrotar a Francia antes de volverse contra Rusia—, el ejército alemán elige modificar las prioridades para el año 1915. Erich von Falkenhayn (1861-1922), el jefe del Estado Mayor general alemán, decide centrarse en el frente este por dos motivos:

- la debilidad de Austria-Hungría, duramente afectada por los combates del año precedente;
- y la intensa presión que ejercen sobre él los dos comandantes en jefe del frente oriental, Paul von Hindenburg (1847-1934) y Erich Ludendorff (1865-1937).

Como consecuencia, llueven los golpes sobre el ejército ruso hasta otoño de 1915. Algunos son muy violentos: en mayo, austrohúngaros y alemanes, ayudándose de 1200 cañones, organizan un bombardeo de una magnitud todavía desconocida en el este, entre Gorlice y Tarnów. En conjunto, los resultados de la campaña son impresionantes: la mayor parte de Polonia es ocupada, los territorios austrohúngaros invadidos en 1914 son liberados y el ejército ruso pierde más de dos millones de hombres. Inmediatamente después, las Potencias Centrales aplastan a Serbia con la colaboración de Bulgaria. Sin embargo, no se ha conseguido lo que era esencial ya que, a finales de ese año, Rusia se vuelve a levantar.

Los intentos aliados, deshilvanados, cosechan un éxito mucho menor. En Francia, franceses y británicos asestan duros golpes contra las trincheras alemanas en diferentes puntos del frente, tanto para suavizar la presión sobre los rusos como para penetrar de forma decisiva en el dispositivo enemigo. No se alcanza ninguno de los dos objetivos, incluso cuando, tras su entrada en guerra en mayo, Italia lanza sus propios ataques contra Austria-Hungría. Ya sea sobre los frentes franceses o italianos, solamente se conquistan un puñado de kilómetros, y las pérdidas son muy importantes. El desembarco franco-británico en los Dardanelos también es desastroso. Destinado a volver a abrir los estrechos cerrados por los otomanos —y permitir así el reabastecimiento de Rusia a través del mar Negro—, a dar un golpe fatal contra la Sublime Puerta (Estambul) e, inmediatamente después, a conseguir el apoyo de los Estados balcánicos todavía neutrales, la operación se ve frenada desde el comienzo por la resistencia turca. Para la Entente, todo se pospone al año siguiente.

Con el hundimiento de sus ejércitos en Rusia, las Potencias Centrales vuelven al frente occidental en 1916. Falkenhayn quiere empujar a Francia a pedir la paz, ya que cree que está exhausta por sus derrotas de 1915. Con este objetivo, concibe una acción de envergadura, que no está destinada a acabar con el ejército francés sino a demostrarle que militarmente ya no puede tener esperanzas de derrotar a Alemania. Su principal idea es simple: tomar el control de un sector clave bajo el dominio de los franceses y desmontar todos sus contraataques para recuperarlo. Este sector es el de Verdún. Se despliegan medios enormes para la operación: el 21 de febrero, 1200 cañones disparan dos millones de obuses en un espacio de tan solo 16 kilómetros. La potencia del choque es tal que se hace notar incluso en los Vosgos. A pesar de todo, el plan, mal diseñado, deja rápidamente paso a la improvisación, y la batalla gira hacia el desgaste puro y simple. En julio, cuando terminan los combates, los franceses todavía resisten, lo que representa un nuevo fracaso para Alemania. Sin embargo, su aliado austrohúngaro no se encuentra en una situación mejor. A pesar de un buen comienzo, su ofensiva contra los italianos termina también en un punto muerto y en el apoderamiento progresivo del territorio enemigo.

Foto de soldados franceses en el campo de batalla de Verdún.

Los Aliados, que el año anterior aprendieron la lección, esta vez tienen un poco más de suerte. Reunidos en Chantilly en diciembre de 1915, se ponen de acuerdo para sincronizar sus ofensivas, para impedir que los alemanes envíen sus reservas de un punto caliente a otro. El 4 de junio, los rusos inauguran las operaciones. Puesto que los austrohúngaros y los alemanes todavía están ocupados en Verdún y en Italia, el ejército zarista lucha sin problemas contra sus defensas orientales. En un mes, le gana 120 kilómetros a sus adversarios y hace prisioneros a 400 000 austrohúngaros. Por desgracia para los rusos, este gran éxito se ve comprometido por las decepciones de la Entente en Occidente. A principios de julio, a pesar del despliegue de medios colosales (2700 cañones y tres millones de obuses) y de un bombardeo que dura una semana, el intento de penetración franco-británico en el Somme fracasa y degenera en una batalla de desgaste. Lo mismo ocurre para el ataque que en agosto los italianos lanzan contra los austrohúngaros. Estos infortunios le permiten a los Imperios Centrales recuperarse en el este. En otoño, los rusos, gravemente castigados, tienen que abandonar todo el terreno conquistado. De nuevo, la salida militar de la guerra se pospone para el año siguiente.

Pero la escalada no continuará en 1917. Agotados y hastiados, los dos bandos ya no tienen ni los medios ni la voluntad de competir. Sus iniciativas, aunque se llevan a cabo a la baja, también constituirán un momento clave de la Primera Guerra Mundial.

LA MOVILIZACIÓN DE LAS RETAGUARDIAS

El desenlace de la Gran Guerra depende tanto de las tropas en el frente como de las retaguardias. La realización de operaciones militares ambiciosas y el mantenimiento prolongado de millones de hombres en los ejércitos exigen economías en condiciones de producir y de enviar grandes cantidades de víveres, equipamientos y material de guerra. Los beligerantes ven cómo se les impone esta necesidad desde los primeros meses del conflicto. En 1914, ninguno se salva de las penurias y dificultades de abastecimiento. El problema es el mismo en todas partes: las necesidades militares, que superan con creces todas las previsiones realizadas antes de la guerra, superan las posibilidades económicas inmediatas de los Estados. Así pues, hay que aumentar la productividad, puesto que, con la escalada de la violencia armada, la demanda se multiplica.

Para alcanzar este objetivo, los gobiernos se implican cada vez más en la economía, extendiendo progresivamente su control sobre las materias primas, las industrias y las empresas de transporte. En estas áreas estratégicas, se implementan organismos de gestión o de coordinación estatales, como el KRA (Kriegsrohstoffabteilung) en Alemania, encargado de las materias primas, y el británico Wheat Committee para el abastecimiento de los Aliados. Asimismo, resulta emblemática la constitución en 1915 de ministerios dedicados a las municiones en Francia y el Reino Unido. Desde este momento, los intereses militares priman sobre los demás. En los países en guerra, muchas fábricas se ven obligadas a reconvertir su producción, a menudo para fabricar obuses y municiones. El caso típico es el de la firma automovilística francesa Renault, que pasa a la producción de tanques y de municiones. Por todas partes, se crean talleres y arsenales, algunos con un gran coste, como el arsenal de Roanne en Francia.

Para alimentar este inmenso esfuerzo de producción, hace

falta mano de obra, indispensable y preciosa, ya que un gran número de hombres está desplegado en el frente. Al principio del conflicto, la mayor parte de los beligerantes cometen el error de movilizar a la mayoría de su fuerza obrera. Ante las primeras penurias, muchos trabajadores vuelven a ser llamados a las fábricas. En Francia, más de 490 000 pasan a formar parte de la retaguardia en 1918; en Italia, se cuentan por cerca de 440 000. Incluso el reclutamiento de los obreros especializados termina prohibiéndose. Sin embargo, el llamamiento de estos últimos no basta para satisfacer las necesidades de la guerra, por lo que se llama a las mujeres para que llenen los puestos vacíos. Según Jean-Paul Bled, en Austria-Hungría ocupan el 25 % de puestos en el armamento. Al final de la guerra, 430 000 mujeres trabajan en las industrias francesas, 750 000 en el bando británico. Francia y el Reino Unido recorren igualmente a una mano de obra procedente de sus colonias: envían a centenares de miles de soldados procedentes de sus colonias al frente, y decenas de miles de indígenas a trabajar a las fábricas metropolitanas. Alemania y Austria-Hungría, por su parte, explotan las poblaciones de los territorios ocupados. A partir de 1916, Berlín organiza incluso la deportación masiva de los trabajadores de los países conquistados hacia el Reich. Finalmente, ambos bandos explotan en gran medida a los prisioneros de guerra, tanto en el frente como en las retaguardias, a menudo para llevar a cabo las tareas más peligrosas.

Mujeres trabajando en una fábrica francesa que produce obuses.

Además del aumento de la mano de obra, los gobiernos también intervienen en el ritmo de producción: las jornadas de trabajo se alargan en todos los países. En Austria-Hungría, la semana de 70 horas es habitual; incluso puede alcanzar las 110 horas en las industrias de armamento Skoda. En muchas fábricas, los equipos de trabajadores se relevan día y noche. En conjunto, la disciplina en las retaguardias aumenta y se militariza, incluso en las democracias occidentales: en el Reino Unido, a partir de 1915, se prohíben las huelgas y los empleados dejan de estar autorizados a cambiar de puesto.

Finalmente, el esfuerzo de guerra reclama recursos consecuentes. Londres y París exprimen los de sus colonias; Berlín y Viena, los de los territorios ocupados. Rusia puede recurrir a su inmenso imperio. Ambos bandos intentan también obtener aquello que les falta de la mano de los países neutros: para ello, la Entente corteja en especial a los Estados Unidos y América Latina; y, en cuanto a las Potencias Centrales, tienen que limitarse a los Estados europeos. La razón de todo esto es simple: tanto aquí como en los campos de batalla, se produce la escalada. Ambos bandos intentan asfixiar las economías enemigas agotando sus fuentes de abastecimiento. La Entente, con su control de los mares, tiene ventaja. En 1914, se aplica un bloqueo de las Potencias Centrales, que se refuerza a lo largo de la guerra e incluso termina aplicándose a los Estados neutros vecinos de Alemania y a sus aliados. A partir de 1915, estos últimos responden con sus submarinos, los U-Boats. La respuesta es poco acertada: el Lusitania y el Arabic, dos transatlánticos británicos cargados de pasajeros americanos, son hundidos. Los Estados Unidos amenazan a Berlín, y Viena retrocede. Entonces se hace un llamamiento a los U-boats. En 1916, durante la batalla de Jutlandia, los alemanes intentan romper el bloqueo de nuevo, esta vez con su flota de guerra, en vano. A finales de 1916, la escasez acecha. Se comen sustitutos de pan, mezclas de cebada, maíz y patata. Los alimentos y el carbón se racionan de forma estricta. Las requisas se acentúan: alemanes y austrohúngaros se adueñan de las campanas de las iglesias, los picaportes y las vajillas para obtener metal, de los colchones para la lana, etc.

Naufragio del Lusitania. Grabado de Norman Wilkinson publicado en The Illustrated London News.

La Entente también experimenta dificultades. El esfuerzo de guerra, titánico, pone a todos los países a prueba, pero no se puede realizar para siempre: de 1917 a 1919, Francia por sí sola gasta una media de 32,4 millones de dólares al día. A un ritmo semejante, las economías terminarán colapsándose tarde o temprano.

LA INNOVACIÓN TECNOLÓGICA AL RESCATE DE LA GUERRA

En vísperas de la Primera Guerra Mundial, según destaca el

historiador Frédéric Guelton, todos los ejércitos están por debajo de sus posibilidades reales en el plano tecnológico. Convencidos de que el conflicto seguirá el modelo de las guerras napoleónicas marcadas por el predominio de la infantería y de la caballería, los Estados Mayores menoscaban las innovaciones tecnológicas disponibles, en beneficio de equipamientos y armamentos más tradicionales, sobre todo porque tienen el peligro de poder hacer tambalearse por completo las doctrinas militares establecidas. Como consecuencia de esto, algunas invenciones recientes, como los aviones, los submarinos y los camiones, se relegan a menudo a un segundo plano en los arsenales europeos. Las innovaciones en creación, por su parte, como el carro de combate, no encuentran las condiciones favorables para que se utilicen realmente.

Sin embargo, la guerra lo cambiará todo. Desde el inicio de las hostilidades, los ejércitos se ven enfrentados a una serie de situaciones inéditas e imprevistas, algo que les empuja a tener que revisar los dogmas existentes y que estimula la innovación científico-técnica. La transformación radical de la infantería es emblemática: sus uniformes se modernizan, como consecuencia de las terribles pérdidas que sufre durante los primeros combates. Los tintes vistosos, como los pantalones rojos que todavía lucen los soldados franceses, se cambian por colores que llaman menos la atención. Asimismo, se utilizan armaduras medievales modernizadas, con protecciones integradas en el atuendo: cascos, corazas e incluso escudos que cubren el cuerpo.

La penuria de los efectivos viene igualmente acompañada

por un aumento espectacular de la potencia de fuego: el uso de las metralletas se generaliza, mientras que la ametralladora hace su aparición. La guerra de las trincheras también influye en el armamento. En febrero de 1915, los alemanes utilizan los primeros lanzallamas, destinados a destruir con más facilidad los bunkers y las fortificaciones. Asimismo, las armas indirectas cosechan un gran éxito: se extiende el uso de la granada, inventada en el siglo XV y, hasta el final de la guerra, experimenta progresos técnicos considerables, así como los fusiles lanzagranadas y otros morteros. Finalmente, se produce también la aparición de los fusiles de francotirador, las palas de trincheras y los yataganes (sables curvados en dos sentidos opuestos). Al mismo tiempo, se producen cambios parecidos en la artillería y la caballería.

La prueba de fuego también fuerza la asimilación de estas invenciones existentes, que hasta ese momento tenían mala fama, y que ahora comportan verdaderas revoluciones militares. La aviación hace un avance fulgurante a lo largo de los dos primeros meses del conflicto, suplantando a la caballería y a los dirigibles para los reconocimientos profundos. Asimismo, sus progresos son continuos: en otoño de 1914, los primeros aviones equipados con ametralladoras hacen su aparición en el cielo, preludio de la caza moderna. Con el punto muerto en tierra firme, el bombardero, nacido antes de la guerra, se vuelve prácticamente indispensable para golpear a las escurridizas retaguardias enemigas. En 1918, los beligerantes poseen verdaderas flotas aéreas, completamente integradas en su doctrina militar. Durante ese año, en el mes de marzo, franceses y británicos reúnen a cerca de 4000 aviones en el frente oeste, frente a 1500 en el lado alemán. El submarino también se cubre de éxito; aunque la mayoría de los almirantazgos lo habían pasado por alto antes de la guerra, puesto que lo veían como una máquina sin nobleza y poco eficaz, rápidamente se vuelve indispensable gracias a sus logros. Incluso los alemanes, seducidos por sus capacidades, harán de él en 1917 un arma estratégica destinada a ganar la guerra.

Escondido detrás de esta fiebre tecnológica hallamos otro fenómeno: con el punto muerto militar y el alargamiento del conflicto, los Estados beligerantes buscan obtener una ventaja decisiva sobre sus adversarios gracias a la innovación técnica y científica. Con este objetivo, ambos bandos movilizan a muchos industriales y sabios, obteniendo como resultado dos célebres invenciones de la Gran Guerra: los gases de combate y los tanques. Los primeros aparecen, al parecer, en los campos de batalla en agosto de 1914, y los utiliza el ejército francés en forma de lacrimógenos. En otoño, los alemanes los utilizan a su vez en el bombardeo contra las posiciones rusas ante Varsovia, con cientos de obuses lacrimógenos. Sin embargo, el cambio más significativo se produce en 1915, cuando se utiliza por primera vez un gas letal. Ese año, el 22 de abril, en Ypres, 6000 bombonas de cloro recogidas por los alemanes desprenden su contenido mortal en las trincheras franco-británicas. La ruptura del frente es inmediata, pero no se le saca provecho. Hasta el fin de la guerra, todos los beligerantes continuarán utilizando el gas en formas distintas.

Finalmente, los tanques nacen de una doble constatación: la extrema vulnerabilidad del soldado de infantería durante su paso por el *no man's land* (la «tierra de nadie», una zona situada entre dos líneas de frente) y la dificultad que implica para la artillería seguirlo en su avance. Estos dos problemas son responsables de muchos fiascos. Para solucionarlo, los británicos y los franceses dan con la idea de concebir un vehículo blindado capaz de transportar una pieza de artillería y de atravesar un terreno asolado por los combates. Tras una fastidiosa fase de desarrollo, en septiembre de 1916 los británicos invierten en los primeros tanques, muy rudimentarios, y luego en abril de 1917 lo hacen los franceses. A pesar de su absoluta falta de fiabilidad, la Entente utilizará 6500 tanques de 1916 a 1918. Por su parte, el bando alemán tan solo utilizará 20, ya que nunca creyó en ellos: se equivocaba por completo.

POLÍTICAS SUBVERSIVAS: EL JUEGO DE LAS DISIDENCIAS Y DE LAS MINORÍAS NACIONALES

Las batallas de la Gran Guerra no solamente se limitan a combates en tierra firme, en el aire o en el mar, sino que también tienen lugar en el plano mental: desde 1914, intelectuales, religiosos, militares y políticos se movilizan en todos los Estados beligerantes para justificar y exaltar la guerra entre sus conciudadanos, para mantener la combatividad de la nación y para subvertir las poblaciones enemigas. Los métodos utilizados para este enfrentamiento mental se implementan paulatinamente, y son muchos: propaganda, regímenes de censura, limitaciones de las libertades individuales, treguas en las luchas sociales y políticas internas de los Estados, espionaje y contraespionaje, apoyo y financiación de grupos sediciosos, etc. Sin embargo, a lo largo de los primeros meses esta dimensión psicológica del conflicto es limitada: normalmente los pueblos apoyan la guerra de forma masiva, y se piensa que la victoria se logrará rápidamente mediante las armas.

De nuevo, el punto muerto militar lo cambiará todo. Ante el fracaso de los ejércitos, la guerra psicológica se convierte en un medio importante para debilitar al adversario y para facilitar el cumplimiento de objetivos de guerra nacionales. Se impone, sobre todo, porque el alargamiento indefinido del conflicto hunde la moral de los pueblos y, por consiguiente, crea un clima propicio para las disensiones internas que los dos bandos se dedicarán a alimentar hasta el armisticio, dirigiéndose especialmente a las minorías y los grupos étnicos oprimidos. En el bando de las Potencias Centrales, alemanes y austrohúngaros avivan así las disidencias y el nacionalismo en Finlandia, Polonia y Ucrania, países dominados por los rusos. Contra estos últimos, recurren incluso a la diáspora judía creando, al lado de una Liga de naciones oprimidas por Rusia, un Comité para la liberación de los judíos rusos. Los otomanos actúan de la misma forma en el Cáucaso, con los pueblos musulmanes conquistados por el Imperio zarista en el siglo precedente, como los azeríes o los chechenos. En el oeste, Alemania intenta dividir a flamencos y valones en la Bélgica ocupada, y exhorta a los independentistas irlandeses contra los británicos. Para golpear a Francia e Italia, incita a la rebelión a los pueblos colonizados en el norte de África y, con la ayuda otomana, lleva a la terrible rebelión senussi en Libia en 1915. Asimismo, se llevan a cabo tentativas del mismo tipo en Afganistán y Persia. Incluso en noviembre de 1914 las Potencias Centrales se apoyan en un llamamiento a la guerra santa que el sultán otomano Mehmed V (1844-1918) dirige a los musulmanes. No obstante, con la excepción de algunas deserciones en las tropas coloniales franco-británicas, no tiene demasiado impacto.

Por otro lado, la Entente también actúa con los polacos, garantizándoles en 1914 la autonomía en el espacio ruso y, posteriormente, la independencia en 1918. Sin embargo, su acción se concentra especialmente en los imperios multiétnicos austrohúngaro y otomano, ya debilitados por la lucha que llevan a cabo sus minorías nacionales por el reconocimiento de sus derechos políticos. Con el primero, se centra en instigar a los independentistas checos, eslovacos, eslovenos, croatas e italianos, reunidos en Roma en un Congreso de nacionalidades oprimidas de Austria-Hungría en 1918. A partir de 1917, llegará incluso a incitar la creación de unidades de voluntarios «nacionales» para combatir contra las Potencias Centrales: legiones checas en Francia, en Italia y en Rusia, pero igualmente yugoslavos y polacos. Contra los otomanos, Rusia tienta con la independencia a las minorías armenias y al resto de los pueblos cristianos del Cáucaso. En Oriente Medio, Reino Unido y Francia, por su parte, hacen promesas contradictorias a los árabes, empujados a la revuelta en 1916 con las misiones de Lawrence de Arabia (1888-1935) y de Édouard Brémond (1868-1948); también hacen lo mismo con los judíos, con la Declaración Balfour en 1917, que aboga por la creación de un hogar judío en Palestina.

Es difícil evaluar el impacto de esta guerra psicológica en el desarrollo del conflicto; aunque le brinda apoyos y ventajas militares distintos (concentraciones, desmoralización de las tropas enemigas, distracción, etc.) a ambos bandos, estos suelen ser limitados. En el plano político, normalmente no hace más que acentuar la radicalización de las minorías nacionales producida por la guerra. Austria-Hungría, la única verdadera víctima de los separatismos, se hunde en 1918, antes que nada porque sus minorías se ven superadas por las dificultades económicas que produce la guerra y por la incapacidad de Viena para reformar el imperio en un sentido federal. En realidad, el efecto más importante y más duradero de la guerra psicológica es, sin lugar a dudas, el desarrollo de la desconfianza y del sentimiento de inseguridad en los países objeto de ella. En el norte de África, las actuaciones de los alemanes con los indígenas generan «un clima rodeado de sospechas y de hostilidad hacia Francia»[1] (Miquel 1983, 291). En el Imperio otomano, la política rusa hacia los armenios contribuye a hacer que los turcos los vean como sospechosos mientras que, en realidad, son mayoritariamente fieles a la Sublime Puerta. En marzo-abril de 1915 comienza el genocidio armenio por parte de los turcos, que causa entre 800 000 y 1,5 millones de víctimas, y que se enmarca profundamente en este contexto deletéreo. Lo mismo ocurre con la masacre de las comunidades cristianas de Siria, los asirio-caldeos, por parte de los mismos autores, y con los desplazamientos forzados de los griegos y los kurdos.

---

1. Cita traducida por 50Minutos.es

EL PUNTO DE INFLEXIÓN DE 1917

La nochevieja del 31 de diciembre de 1916 es sombría para la Entente y las Potencias Centrales, más enrocadas que nunca en la guerra. El alargamiento del conflicto todavía no ha desembocado en nada concreto. Peor todavía, los grandes acontecimientos de Verdún y del Somme no resultan en nada más que carnicerías: los alemanes pierden a más de 800 000 hombres, heridos, muertos o desaparecidos, contra 571 000 en el bando francés y 420 000 en el bando británico. En Italia y en los Balcanes, con un coste humano que sin duda es muy superior, el bloqueo también es completo. En todos los países, la oposición a la guerra gana terreno y se estructura. La guerra se queda sin aliento. En 1917, tres acontecimientos principales la reactivarán: la entrada en guerra de los Estados Unidos, el fracaso estratégico de la Entente y el hundimiento completo de Rusia.

LA ENTRADA EN GUERRA DE LOS ESTADOS UNIDOS

A principios del año 1917, los Estados Unidos son neutros y quieren seguirlo siendo. La opinión pública estadounidense está profundamente dividida sobre la Guerra Mundial. En cuanto al presidente Thomas Woodrow Wilson (1856-1924), aunque querría imponerle a los Estados europeos su ideal de paz fundado en la autodeterminación de los pueblos, la libertad de los mares y la creación de una organización internacional capaz de garantizar una seguridad colectiva (la futura Sociedad de las Naciones), no pretende utilizar la fuerza para lograrlo. Finalmente, cabe decir que los

Estados Unidos sacan provecho de la conflagración entre las principales potencias del globo, sobre todo para mover sus propias fichas: ¿acaso Wilson no firmó, en 1916, una importante ley de expansión de la marina estadounidense que quería igualar a la Royal Navy, en ese momento primera flota mundial?

Sin embargo, Alemania cambia por completo esta situación. A lo largo de los primeros meses de 1917, el ejército terrestre alemán, por primera vez, se encuentra por completo en una posición defensiva. Aunque sabe volverse a levantar tras los duros golpes aliados de 1916, sus pérdidas humanas y materiales son extremadamente importantes. Asimismo, Hindenburg y Ludendorff, que sustituyen a Falkenhayn en agosto de 1916, toman el tiempo para devolverle al ejército imperial los medios para reanudar el combate en condiciones óptimas gracias a una movilización masiva de la economía. En este contexto, la iniciativa estratégica para el año 1917 se le confía a la marina alemana. El 31 de enero, Ludendorff anuncia que se reanuda la lucha submarina a ultranza contra la Entente. Hay dos desengaños que originan esta decisión: en primer lugar, el almirantazgo alemán cree que puede eliminar al Reino Unido del tablero de la guerra en menos de seis meses, atacando de forma masiva a sus barcos comerciales. Aunque los generales alemanes están menos convencidos de esto, cuentan con las dificultades marítimas de la Entente para liberar la presión en el frente del oeste, donde prevén un ataque de gran envergadura. Finalmente, estos mismos generales estiman que la entrada en guerra de los Estados Unidos no es ni ineludible ni fatal, ya que llegaría demasiado tarde para salvar a la Entente.

El inicio de la campaña submarina en el Atlántico y el Mediterráneo satisface a los alemanes. En febrero, los U-boats hunden cerca de 540 000 tonelajes de barcos comerciales aliados; en marzo, 594 000 y, en abril, cerca de 860 000. En Londres, el almirantazgo británico está completamente abatido. Los Estados Unidos, por su parte, se mantienen neutrales a pesar de las protestas diplomáticas de una violencia poco usual. Sin embargo, la escalada ha empezado: el 3 de febrero, las relaciones diplomáticas con Alemania se rompen; el 26 de febrero, Wilson le pide al Congreso que arme a los barcos comerciales y, el mismo día, un submarino alemán asesina a dos civiles estadounidenses torpedeando a un transatlántico. Lentamente, la opinión pública estadounidense se decanta a favor de una intervención militar. Un acontecimiento inoportuno iba definitivamente a encaminarla hacia la guerra.

El 16 de enero, el ministro de Asuntos Exteriores del Reich, Arthur Zimmermann (1864-1940), que prevé una eventual entrada en guerra de los Estados Unidos, manda un telegrama a su embajador en México, Heinrich von Eckardt (1861-1944). El documento contiene nada menos que una oferta financiera, un tratado de alianza y el reconocimiento de las conquistas que México podría hacerle a Estados Unidos. Sin embargo, el Gobierno mexicano rechaza la propuesta. La historia habría podido quedarse ahí si el telegrama de Zimmermann no hubiera sido interceptado por los servicios de inteligencia británicos, que lo transmiten a Washington. Su publicación el 1 de marzo despierta la indignación general de los estadounidenses, que a partir de entonces se muestran mayoritariamente a favor de la opción militar. El

2 de abril, tras un nuevo incidente en el Atlántico, Wilson pide solemnemente al Congreso que examine la cuestión de la beligerancia estadounidense. La suerte está echada: el 6 de abril, los Estados Unidos entran oficialmente en guerra contra Alemania.

Para las Potencias Centrales, la derrota ahora está asegurada. Gracias a los Estados Unidos, la Entente posee una superioridad aplastante en el plano militar, económico y humano. La fuerza de los Estados Unidos ya se hace notar: a finales de abril, Washington concede un adelanto financiero excepcional de 250 millones de dólares al Reino Unido, un verdadero soplo de aire fresco para los británicos. Asimismo, una sombra planea en el horizonte por otro motivo: al agrupar a sus navíos en convoyes poderosamente escoltados, Londres encuentra la defensa contra los submarinos alemanes, cuyos resultados caen en picado. A pesar de todo, Alemania todavía tiene la oportunidad de salir airosa. Hará falta un tiempo para que los estadounidenses desembarquen en masa en Francia puesto que, en abril de 1917, su ejército es minúsculo. Mejor todavía, podrá contar con los errores estratégicos de la Entente y el hundimiento completo de Rusia para jugar sus últimas cartas.

EL FRACASO ESTRATÉGICO DE LA ENTENTE

En diciembre de 1916, los Aliados se reúnen de nuevo en Chantilly para detener sus proyectos para 1917. La estrategia elegida es la misma que el año precedente: ataques sincronizados en todos los frentes. Sin embargo, hay varios acontecimientos que la modificarán.

El primero es la desgracia de Joseph Joffre (1852-1931), el generalísimo de los ejércitos franceses desde 1914. Incompetente y salpicado por sus repetidos fracasos, el Gobierno francés lo sustituye por Robert Nivelle (1856-1924), autor de algunas proezas en Verdún. Este último modifica en gran medida los planes frustrados de su predecesor y decide que los franceses no golpearán más en el Somme con las fuerzas británicas, sino en el Camino de las Damas donde, solos, llevarán a cabo el golpe principal. En cuanto a los ingleses, deberán realizar un pequeño ataque auxiliar en Arras. Para un ejército francés exhausto, se trata de un programa muy ambicioso.

La otra decepción procede de los aliados rusos e italianos. Ni unos ni otros están en condiciones de atacar como habían prometido en Chantilly. A principios de marzo, Rusia, corroída por las dificultades económicas, sociales y políticas, se ve azotada por una primera revolución, llamada de febrero, que derroca al zarismo. En medio de la exaltación popular, un gobierno provisional de tendencia liberal y democrática, dominado por la personalidad de Aleksandr Kerenski (1881-1970) sucede al autoritarismo de Nicolás II (1868-1918). El nuevo régimen promete a la Entente que se quedará en la guerra, y no podrá participar en la ofensiva del general Nivelle programada en la primavera. El ejército ruso se encuentra en descomposición absoluta, y hará falta tiempo para que la disciplina vuelva a reinar en él. En cuanto a Italia, hace saber que no se comprometerá sin conocer las intenciones enemigas en el frente occidental y sin haber recibido refuerzos de sus aliados. Así pues, los franco-británicos solamente podrán contar con ellos mismos.

A pesar de todo, Nivelle mantiene su ataque en el Camino de las Damas. Para realizarlo, reúne a todas las últimas fuerzas francesas con vida. Los medios que se utilizan son enormes y cosechan grandes esperanzas en el país: 1,2 millones de hombres, 5310 cañones, un centenar de tanques y más de 500 aviones. Sin embargo, el ataque de Nivelle se choca contra un muro: el Camino de las Damas es una de las zonas del frente más reforzadas por los alemanes y estos, que predicen los proyectos franceses, amontonan a sus reservas en ese sector. En el espacio de dos días, la penetración es un fracaso total. La batalla se transforma en una sangrienta destrucción hasta su fin el 9 de mayo. La moral del ejército francés se hunde, como consecuencia de las esperanzas que albergaba ante la operación. A mediados de mayo, una enorme oleada de desobediencia colectiva estalla en sus filas. Los hombres rechazan salir de las trincheras para combatir contra el enemigo. Algunos incluso amenazan con marchar hacia París. La alerta es grave. Philippe Pétain (1856-1951), que sustituye a Nivelle después de la derrota, tiene que retomar las riendas del ejército que, convaleciente, ya no emprenderá ninguna acción decisiva hasta 1918.

Para los Imperios Centrales, la derrota francesa es una operación excelente. Con una Rusia inestable, ahora tienen las manos libres para luchar contra los italianos y los británicos, que son los únicos que constituyen una verdadera amenaza. Además, la falta de sincronización de estos últimos facilita el trabajo. Desde finales de mayo hasta septiembre, los italianos lanzan ataques deshilvanados en el Isonzo y en Trentino, que Austria-Hungría frena. El 31 de julio, para privar a Alemania de sus bases de submarinos en la costa belga, los británicos golpean a su vez, a partir de Ypres. Los combates continúan hasta noviembre. De nuevo, los alemanes triunfan; el Reino Unido no ha ganado más que unos pocos kilómetros. Finalmente, a mediados de junio, se produce un último arrebato ruso motivado por el deseo del Gobierno Kerenski de aumentar su credibilidad para empujar a sus aliados a negociar la paz. Sin embargo, los ejércitos germano-austríacos lo aplastan sin piedad en Galitzia. Es el fin de las ofensivas estratégicas de la Entente.

A lo largo del otoño, el bando de Alemania y de sus aliados pasan a llevar la iniciativa, que no perderán hasta 1918. Contra sus enemigos agotados, se logran avances rápidamente. En octubre, se golpea a los italianos en Caporetto. En 11 días, alemanes y austrohúngaros avanzan 130 kilómetros y capturan a 300 000 hombres. El ejército italiano, atrincherado detrás del Piave, no es más que la sombra de sí mismo. El ejército imperial reanuda su avance contra los rusos a partir de septiembre. En pocos días se toma Riga, y Petrogrado es directamente amenazada.

RUSIA SALE DE LA GUERRA

Tras el fracaso de la ofensiva Kerenski, Rusia entra en junio en una nueva fase de agitación. La moral del ejército y del país, que ya estaba baja antes del ataque, alcanza un nivel crítico. Las deserciones se multiplican, así como las huelgas y las manifestaciones. Los rusos desean la paz más que nunca, pero el Gobierno provisional no puede ofrecérsela. Desprovisto de credibilidad a ojos de los Aliados a causa de su derrota, ya no tiene ni la autoridad ni la fuerza de incitarles a concluir una paz general con las Potencias Centrales; y en lo que se refiere a una paz separada de Rusia, nadie en el Gobierno está preparado para firmarla.

A esta fuente de descontento del poder vigente se le

añaden otras. El deterioro de la situación económica, que había hecho hundirse al zarismo en marzo, continúa. La economía rusa, drásticamente sometida a las necesidades militares, está en vías de desmembramiento total. Las ciudades viven una dramática escasez de víveres y de los demás bienes de consumo, aunque las cosechas son suficientes para alimentarlas con creces, ya que carecen de transportes para abastecerlas, puesto que el uso de estos se centra mayoritariamente en los ejércitos. La vida en el frente no es mucho mejor: los seis millones de soldados movilizados están mal alimentados y mal equipados. La inflación sube por todas partes mientras que el mercado negro y la corrupción avanzan. Sobre todo la acción o, mejor dicho, la inacción del Gobierno, incumple toda una serie de aspiraciones levantadas por la Revolución de febrero. Las de los obreros primero, que habían esperado una mejora de sus condiciones de vida y de trabajo, espantosas en esa época; las de los campesinos pobres, en lucha contra la aristocracia propietaria de tierras, y a favor de un reparto equitativo de las tierras; y, finalmente, las de las etnias no rusas en busca de autonomía política.

El poder del Gobierno provisional se desmorona inevitablemente. En julio se produce una insurrección en Petrogrado, fomentada por una parte de la guarnición que rechaza ser enviada al frente. Rápidamente, el movimiento se extiende a los obreros que, armados, llenan las calles. Las tropas lealistas lo sofocan con un baño de sangre. En agosto, Kerenski tiene que enfrentarse al intento del jefe del Estado Mayor del ejército Lavr Kornilov (1870-1918) de instaurar una dictadura, la única medida susceptible a sus ojos de salvar al Gobierno de la agitación creciente. El primer ministro se libra de este final por poco, reuniendo a todas las fuerzas políticas del país contra el general sedicioso. A pesar de todo, el Gobierno provisional es condenado. El caos reina en el campo, donde los campesinos, cansados de esperar reformas que no llegan, han comenzado a repartirse las tierras de los terratenientes. Lo mismo ocurre en las fábricas, donde obreros y patrones se enfrentan de forma violenta para imponer su punto de vista. La gota que colma el vaso es la desobediencia de Ucrania y Finlandia, puesto que Petrogrado ultraja sus deseos autonomistas durante el verano.

Este panorama poco satisfactorio incentiva el movimiento bolchevique, radicalmente marxista y revolucionario. Desde la Revolución de febrero, el partido de Lenin (1870-1924) milita sin pausa por un retorno inmediato a la paz, a la colectivización de las tierras y de las empresas, y a la autodeterminación de los pueblos. Su público no ha dejado de aumentar y, a partir de septiembre, alcanza máximos históricos. Además de su programa, los bolcheviques disponen de otra ventaja: son los únicos que no han entrado en el Gobierno provisional y, por consiguiente, que no han sido desacreditados por los fracasos de éste. Kerenski no puede hacer nada para impedir su ascenso. Durante la noche del 7 al 8 de noviembre, el movimiento bolchevique, que se ha vuelto suficientemente fuerte, toma el poder en Petrogrado. Cinco meses después, en Brest-Litovsk, los nuevos amos del Kremlin firman la paz con las Potencias Centrales.

Firma del tratado de Brest-Litovsk.

A partir de entonces, Alemania puede concentrarse en el frente occidental. El huncimiento ruso ha liberado una cincuentena de divisiones al oeste, dándole por primera vez desde 1914 una clara superioridad numérica sobre los Aliados. Además, todavía posee la posibilidad de vencer a los ejércitos francés y británico. Sin embargo, tiene que actuar rápidamente, puesto que las primeras tropas estadounidenses ya han comenzado a desembarcar en Francia. Tanto para las Potencias Centrales como para los Aliados, en 1918 comienza una terrible carrera contrarreloj.

EN RESUMEN

1914

Ag.: **Japón entra en guerra contra Alemania**

Oct.: **el Imperio otomano se alía
con Alemania y Austria-Hungría**

1915

May.: **Italia entra en guerra
contra la Entente**

Sept.: **Bulgaria se alía con Alemania
y Austria-Hungría**

Dic.: los Aliados se reúnen en Chantilly

1916

Feb.-dic.: **batalla de Verdún**

Mar.: **Portugal entra en guerra
contra Alemania**

Jul.-nov.: batalla del Somme

Ag.: **Rumanía entra en guerra
contra la Entente**

1917

**Entrada en guerra de la mayoría
de los Estados de América Latina
y de China contra Alemania**

31 en.: Alemania reanuda la guerra submarina

Feb.: Revolución rusa

Abr.: **los Estados Unidos entran
en guerra contra la Entente**

16 abr.-9 may.: batalla del Camino de las Damas

Jul.: **Grecia entra en guerra contra la Entente**

1918

3 mar.: **Rusia firma la paz separada
con Alemania**

- Para salir del punto muerto de finales de otoño de 1914, los beligerantes multiplican las respuestas y las estrategias, extendiendo a la vez la guerra a otros ámbitos.

- En los campos de batalla, los dos bandos se libran a una escalada militar, movilizando cada vez a más hombres y materiales para sus operaciones y recorriendo a métodos cada vez más violentos. Paralelamente, la continuación de los combates estimula la búsqueda de una ventaja tecnológica decisiva sobre el adversario.

- Con el aumento de las necesidades militares, el papel de las economías nacionales se vuelve decisivo para continuar con la lucha. En este sentido, asfixiar a la economía adversaria, mediante el bloqueo o la destrucción de sus barcos comerciales, se vuelve un medio como cualquier otro de ganar la guerra.

- El estancamiento en los frentes principales anima también a los beligerantes a encontrar a nuevos aliados y otros campos de batalla, pero también a actuar en la moral del enemigo, sobre todo mediante la subversión de sus minorías nacionales. La guerra se extiende por el mundo.

- A pesar de todo, el bloqueo estratégico continúa. A principios de 1917, los beligerantes todavía están en una situación de equilibrio.

- Este se romperá a lo largo del año, con la Revolución rusa, la entrada en guerra de los Estados Unidos al lado de los Aliados, y el fracaso de las ofensivas de estos últimos, que dejan a Alemania en una situación de superioridad provisional, y a los Aliados con la seguridad de ganar la guerra a largo plazo.

¡Tu opinión nos interesa!
¡Deja un comentario en la página web de tu librería en línea,
y comparte tus favoritos en las redes sociales!

PARA IR MÁS ALLÁ

FUENTES BIBLIOGRÁFICAS

- Barjot, Dominique, dir. 2012. *Deux guerres totales. 1914-1918 1939-1945: la mobilisation de la nation.* París: Economica.
- Defente, Denis. 2003. *Le Chemin des Dames. 1914-1918.* París: Somogy.
- Figes, Orlando. 2009. *La révolution russe. 1891-1924: la tragédie d'un peuple*, tomo 1. París: Gallimard.
- Goya, Michel. 2014. *L'invention de la guerre moderne. Du pantalon rouge au char d'assaut. 1871-1918.* París: Tallandier.
- Keegan, John. 2005. *La Première Guerre mondiale.* París: Perrin.
- Laparra, Jean-Claude. 2006. *La machine à vaincre: de l'espoir à la désillusion. Histoire de l'armée allemande. 1914-1918.* Quercy: Éditions 14-18.
- Le Naour, Jean-Yves. 2014. *1916. L'enfer.* París: Perrin.
- Mazower, Mark. 2005. *Le continent des ténèbres. Une histoire de l'Europe au XXe siècle.* Bruselas: Editions Complexe.
- Miquel, Pierre. 1983. *La Grande Guerre.* París: Fayard.
- Miquel, Pierre. 1997. *Le Chemin des Dames.* París: Éditions de la Seine.
- Offenstadt, Nicolas. 2005. *Le Chemin des Dames. De l'événement à la mémoire.* París: Perrin.
- Prior, Robin y Trevor Wilson. 2000. *La Première Guerre mondiale.* París: Autrement.
- Rogan, Eugene. 2015. *The Fall of the Ottomans. The Great*

War in the Middle East. 1914-1920. Londres: Allen Lane.
- Schnetzler, Bernard. 2006. *Les erreurs stratégiques pendant la Première Guerre mondiale.* París: Economica.
- Stevenson, David. 2005. *1914-1918, the History of the First World War.* Londres: Penguin Books.
- Stevenson, David. 2012. *With Our Backs to the Wall. Victory and Defeat in 1918.* Londres: Penguin Books.
- Thompson, Mark. 2010. *The White War. Life and Death on the Italian Front. 1915-1919.* Nueva York: Basic Books.
- Tooze, Adam. 2015. *The Deluge: The Great War and the Remaking of Global Order.* Londres: Penguin Books.
- Wesseling, Henri. 2009. *Les empires coloniaux européens. 1915-1919.* París: Gallimard.
- Winter, Jay. 2014. *La Première Guerre mondiale: États,* tomo 2. París: Fayard.

FUENTES ICONOGRÁFICAS

- Foto de soldados franceses en el campo de batalla de Verdún. La imagen reproducida está libre de derechos.
- Mujeres trabajando en una fábrica francesa que produce obuses. La imagen reproducida está libre de derechos.
- Naufragio del Lusitania. Grabado de Norman Wilkinson publicado en *The Illustrated London News.* La imagen reproducida está libre de derechos.
- I Want You for US Army. La imagen reproducida está libre de derechos.
- Firma del tratado de Brest-Litovsk. La imagen reproducida está libre de derechos.

¡APRENDER NUNCA ANTES FUE TAN RÁPIDO!

www.en50minutos.es

www.en50Minutos.es

ISBN ebook: 9782806278548

ISBN papel: 9782806281586

Depósito legal: D/2016/12603/214

Libro realizado por <u>Primento</u>*, el socio digital de los editores*